AF336384

SOCIÉTÉ

DES

VOYAGES D'ÉTUDES

AUTOUR DU MONDE

Société anonyme au Capital de 70,000 francs

SIÉGE SOCIAL A PARIS : PLACE VENDOME, 8

PROCÈS-VERBAL DE LA SÉANCE

DE

L'ASSEMBLÉE GÉNÉRALE EXTRAORDINAIRE

Tenue le 30 Mai 1877

Dans les Bureaux de M. A. LAVALLEY, Membre de la Société, 59, rue de la Victoire, à Paris

Rapport du Conseil d'Administration.
Résolutions proposées par le Conseil.
Rapport du Commissaire de Surveillance.
Discussion et Votes de l'Assemblée.

PARIS

IMPRIMERIE CABASSON

RUE JOUBERT, 29

1877

SOCIÉTÉ

DES

VOYAGES D'ÉTUDES

AUTOUR DU MONDE

ASSEMBLÉE GÉNÉRALE EXTRAORDINAIRE
Tenue le 30 Mai 1877

PROCÈS-VERBAL DE LA SÉANCE

Présidence de M. E. LEVASSEUR, Membre de l'Institut
PRÉSIDENT DU CONSEIL D'ADMINISTRATION

L'Assemblée est invitée à composer son Bureau.

Aux termes de l'article 47 des statuts de la Société, la présidence de l'Assemblée appartient Président du Conseil d'administration.

A l'unanimité sont nommés :

> *Secrétaire :* M. le baron CH. DE BERNARD DE FAUCONVAL ;
> *Scrutateurs :* MM. R. BISCHOFFSHEIM et le vicomte A. DE CHABANNES.

Le Président déclare la séance ouverte à deux heures et demie.

La feuille de présence est signée par tous les membres présents :

MM. E. Levasseur, R. Bischoffsheim, A. Lavalley, Vicomte A. de Chabannes, baron Ch. de Faucon Georges Biard, William Martin, Paul Terrier, A. Marini et J. Hermann.

Cette feuille de présence constate également les noms des Actionnaires absents représentés l'envoi de leurs pouvoirs et le nombre d'actions dont ils sont propriétaires.

Les membres absents représentés à l'Assemblée sont MM. le baron A. de Benoist, Ch. de Posan baron de Menten, comte V. de Tocqueville, Geoffroy Saint-Hilaire, la Société d'Acclimatation, J. Gi la Société Industrielle de Verviers, vice-amiral baron de la Roncière, comte Dzierbiski, professeur J Stocker, Hipp. Passy, la Société des Forges et Chantiers de la Méditerranée, C. Delamarre. Edou André, Ant. Herzog, L. Colin, Ed. Hentsch, Edouard Fould, Ferdinand de Lesseps, Menrand, vico A. d'Humières, Jules Buffet.

Le nombre des membres présents étant de dix personnes et le nombre d'actions représentée l'Assemblée de quatre-vingt-cinq actions, les formalités exigées par la loi et les statuts constitutifs pou convocation des Assemblées générales extraordinaires ayant été d'ailleurs remplies à la diligence Conseil d'administration, l'Assemblée peut valablement délibérer sur les questions à l'ordre du jour.

Avant de faire procéder à la lecture du rapport du Conseil d'administration, le Président de l'Ass blée prend la parole en ces termes :

> « MESSIEURS,
>
> « C'est la première fois que notre Société, depuis sa formation, se réunit en Assemblée générale ; plusieurs de nos collè
> « présents aujourd'hui n'ont pas assisté aux réunions qui ont précédé l'existence légale de notre Association. Avant de
> « appeler à délibérer sur diverses questions importantes que nous avons dû vous soumettre, je vous rappellerai dans qu
> « conditions a été créée notre œuvre.
>
> « Vous savez tous, Messieurs, que c'est notre Directeur actuel, M. le lieutenant de vaisseau G. BIARD, qui en a é
> « promoteur.
>
> « M. BIARD a eu la pensée de former une Société dont le but serait de réunir chaque année un certain nombre de jeunes
> « et d'hommes désireux de voir le monde et de leur faire faire un voyage de circumnavigation dans des conditions particu

« ment favorables à leur instruction. Il considérait cette institution de voyages intelligemment accomplis comme destinée à
« apporter un complément très-utile à une bonne éducation classique, et en même temps à rendre service au pays, en appelant
« davantage l'attention sur des contrées lointaines trop peu connues parmi nous.

« Cette généreuse pensée ne tarda pas à trouver des appuis. Je me félicite d'avoir été un des premiers qui ont encouragé
« M. BIARD dans la réalisation de son projet. Une tentative fut faite l'an dernier pour constituer la *Société des Voyages d'Études*
« à un capital considérable, en vue de la construction d'un navire spécial ; les circonstances ne lui permirent pas d'aboutir. Le
« groupe des fondateurs forma alors la Société actuelle, dont le capital modeste était cependant suffisant pour donner à son
« programme une assez grande publicité et pour préparer le premier voyage qui devait être fait avec un bâtiment affrété par
« elle ; les dépenses de cette expédition devant être couvertes par les recettes provenant des engagements de voyageurs.

« Le succès fut entravé par les graves événements qui ont troublé le repos de l'Europe. Les engagements des voyageurs
« ont cessé au moment même où ces événements se sont produits, et la situation actuelle est bien de nature à expliquer leur
« hésitation.

« Les circonstances seront-elles plus favorables l'année prochaine ? Nous devons l'espérer ; les résultats que nous avons
« déjà acquis cette année, dans des conditions très-difficiles, nous autorisent à penser qu'alors notre Société pourra mettre à
« exécution son projet.

« Si cette espérance est réalisée, nous devrons notre succès à la persévérance de M. le lieutenant BIARD et de ses deux
« actifs collaborateurs, M. le baron DE FAUCONVAL et M. le vicomte A. DE CHABANNES, et nous n'oublierons pas, dans ce tribut
« d'éloges assurément mérités, la part de gratitude due à tous les Actionnaires qui ont soutenu de leur argent et de leur influence
« une entreprise éminemment utile. »

Après cet exposé, qui obtient l'assentiment de tous les membres présents, le Président donne la parole
à M. Biard, Directeur de la Société, pour donner lecture du rapport du Conseil d'administration.

M. G. Biard remercie M. le Président des paroles flatteuses qu'il a prononcées à son égard et donne
lecture du rapport du Conseil d'administration :

RAPPORT DU CONSEIL D'ADMINISTRATION

Sur la situation des affaires sociales

MESSIEURS,

Ainsi que nous vous l'avons annoncé dans notre lettre de convocation en date du 12 Mai, les circonstances graves que nous traversons en ce moment nous ont mis dans l'obligation de renoncer, pour cette
année, à l'exécution du voyage que nous avions organisé.

Nous devons aujourd'hui, en vous rendant compte des affaires sociales, prendre votre avis sur la
marche à suivre, et si vous jugez que l'entreprise pour laquelle nous nous sommes constitués en Société
reste toujours digne de votre intérêt, vous demander les pouvoirs nécessaires pour en poursuivre la
réussite.

Nous rappellerons d'abord, en peu de mots, dans quelles conditions s'est formée notre Société. Un
Comité d'Études, composé de vingt personnes, et dont tous les membres sont nos collègues dans la Société
actuelle, a d'abord cherché à constituer cette Société à un capital de 2 millions de francs, après avoir
achevé le plan général d'organisation de ces voyages d'instruction et étudié les conditions d'emploi d'un
bâtiment construit spécialement pour les accomplir. Une souscription fut ouverte pour former ce capital.
Il est permis de supposer que cette émission, faite à une époque de calme et de confiance, eût réussi ; mais
à ce moment même (c'était en Juillet 1876), la guerre, déclarée entre la Turquie et la Serbie faisait naître,
des appréhensions qui ne se sont que trop justifiées depuis ; en outre, la nouveauté de l'idée que nous
voulions appliquer, l'insuffisance de la publicité que nos capitaux, très-restreints, nous permettaient de
faire pour appuyer la souscription, expliquent aisément son insuccès.

Les fondateurs de notre Société se trouvèrent alors dans l'alternative, ou de renoncer complétement à
leurs projets, ou de tenter la formation d'une Société à un capital beaucoup plus modeste, devant exécuter
ses premiers voyages en employant un bâtiment affrété par elle, et réduisant ainsi sa première mise de

fonds aux dépenses de publicité et aux frais généraux indispensables. Sur la proposition de notre collègu
M. Lavalley, ils adoptèrent ce dernier parti, et malgré des circonstances de plus en plus défavorables
parvinrent à réunir 70,000 francs de souscriptions, lesquels constituent le capital actuel de notre Société

Ce premier capital ne fut souscrit entièrement qu'à la fin de Novembre, et les formalités à rempli
pour la constitution régulière de la Société ne permirent la réunion de la deuxième Assemblée générale qu
le 11 Janvier 1877. A partir de ce jour seulement, la Société des Voyages d'Études autour du Monde eu
une existence légale et put commencer à faire les dépenses de publicité nécessaires pour faire connaître se
intentions et son programme.

Publicité donnée au programme du voyage pour 1877. Les éléments de ce programme étant déjà prêts, la rédaction d'une brochure-prospectus, contenai
tous les détails d'organisation d'un voyage dont le départ devait avoir lieu fin Mai 1877, prit peu de temp
mais il n'en fut pas de même de la composition et de l'impression de cette brochure, de la confection d
cartes et plans qu'elle devait contenir, de sa traduction et de son impression en langue anglaise ; auss
malgré la plus grande activité, ce ne fut que dans les premiers jours de Mars que les premiers exemplair
purent être répandus dans le public. La brochure anglaise ne fut prête que le 15 Mars. Comme il falla
près de deux mois pour les préparatifs matériels de l'expédition, la clôture de la liste des engagements f
annoncée pour le 10 Avril ; il restait donc pour ceux qui, les premiers, avaient eu connaissance du pr
gramme, près d'un mois pour se décider ; mais pour le plus grand nombre, qui n'eut notre brochure ent
les mains que plus tard, il fallait prendre en quelques jours une résolution définitive, quant au voyage,
cela au milieu des craintes toujours croissantes qu'inspirait la situation politique dans toute l'Europe.

Cependant, appuyés par une publicité assez considérable et dont une partie, due aux démarches pe
sonnelles du Conseil d'administration, nous était faite à titre gracieux, de nombreuses demandes de rense
gnements détaillés parvenaient au siége de la Société. Ce mouvement, commencé en même temps que
publication de notre brochure, nous amena, du 3 Mars au 13 Avril, 410 de ces demandes, dont 358 p
lettres et 62 par visites personnelles.

Engagements définitifs de voyageurs. Les engagements définitifs de voyageurs reçus par la Société ont été ceux de :

M. le Vicomte A. D'HUMIÈRES, de Paris, reçu le 16 Mars ; — M. Paul GUNTHER, de Bruxelles, reçu le 22 Mars ;
M. E. COURTIN, de Paris, reçu le 28 Mars ; — M. M. ALLARD, de Nantes, reçu le 2 Avril ; — M. A. JAFFÉ,
Belfast, reçu le 5 Avril ; — M. W. BAUMANN, de Zurich, reçu le 13 Avril ; — M. F. BLAIN, de Liverpool, re
le 13 Avril.

Tous ces engagements ont été accompagnés du versement de 200 francs et de la moitié du prix
passage aux époques indiquées par notre prospectus.

Dans sa séance du 7 Avril, le Conseil d'administration, ne pouvant clore cette liste, complétame
insuffisante, décida la remise du départ au 30 Juin, et la réception des engagements jusqu'au 5 Mai.

En même temps il votait l'emploi d'une somme de 7,000 francs, tenue en réserve, pour faire u
publicité immédiate dans les grands journaux français et étrangers. Cette publicité commença vers
11 Avril et nous amena, du 13 Avril au 1er Mai, 563 demandes de renseignements, dont 524 par lettres
39 par visites personnelles. Un assez grand nombre de ces demandes annonçaient l'intention de faire
voyage et furent même suivies de correspondance. Nous avions alors sur nos listes environ 50 personn
dont l'inscription définitive paraissait tout à fait probable ; cependant, à partir du 13 Avril, nous
reçûmes aucun engagement formel. Les personnes qui nous avaient, à la fin de Mars ou dans les premi
jours d'Avril, annoncé leur décision favorable, s'excusaient d'être obligées de revenir sur leurs intentio
premières, et nos correspondants d'Angleterre, d'Autriche et de Russie nous écrivaient, à la mê
époque, dans le même sens.

Le Conseil, en présence de la situation créée par les événements, avait dû se préoccuper de l'étude c
budgets du voyage, dans l'hypothèse d'un nombre de passagers restreint, et rechercher avec quel nomb
minimum de voyageurs le programme tracé pouvait être accompli. Cet examen conduisit à reconnaî
qu'à moins de réunir vingt-cinq voyageurs, payant en moyenne 18,000 francs, les dépenses de l'expéditi
pouvaient ne pas être couvertes. Ce nombre étant loin d'être atteint le 5 Mai, date fixée pour la clôture

engagements, il devenait évident que le voyage ne pouvait avoir lieu cette année. Les voyageurs inscrits reçurent avis de la résolution prise et furent remboursés des sommes versées par eux à titre d'arrhes. Les personnes ayant formulé des demandes d'emploi à bord du bâtiment furent avisées également ainsi que nos correspondants à l'étranger, et la convocation de la Société en Assemblée générale extraordinaire décidée, afin de prendre son avis sur la marche à suivre.

Vous remarquerez, messieurs, la coïncidence entre l'arrêt brusque des engagements de voyageurs et la date à laquelle le protocole de Londres, repoussé par la Turquie, a rendu inévitable la guerre qui se poursuit en ce moment. Vous remarquerez aussi, en embrassant d'un coup d'œil le court historique de notre Société, qu'elle est née en même temps que les complications malheureuses de la politique actuelle, qu'elle a vu son succès entravé par des circonstances de plus en plus difficiles, jusqu'au jour où une première réussite, paraissant probable, s'est trouvée arrêtée court par un de ces événements qui font surseoir à tous les projets et condamnent toutes les affaires à l'expectative.

Après cet exposé sommaire de la marche générale de l'entreprise, nous devons vous faire connaître la situation financière de la Société, laquelle vous permettra d'apprécier l'opportunité des mesures que le Conseil d'administration vous présente aujourd'hui.

Constituée le 11 janvier 1877, au Capital de 70,000 francs, notre Société avait, conformément à l'article 20 des statuts, à rembourser ses Fondateurs des avances qu'ils avaient faites pour arriver à sa formation, depuis le mois de février 1876, époque de leur première réunion générale.

Ces avances, dont une notable partie avait été employée pour l'émission tentée au mois de juillet 1876, se montaient à la somme de 15,518 fr. 65 c. Le Capital disponible restait donc de 54,481 fr. 35 c., dont 43,740 fr. 10 c. restaient à appeler en deux versements : l'un de 200 francs par action, deux mois après la constitution sociale, c'est-à-dire le 11 mars 1877; l'autre de 160 francs par action, exigible le 11 mai et qui n'a pas été appelé.

Le quart du capital social, soit 17,500 francs, fut placé en réserve, et les budgets étudiés en vue de la préparation d'un voyage dont le départ devait avoir lieu fin mai.

Les dépenses faites dans ce but du 11 janvier au 1er juin 1877 atteignent le chiffre de 36,566 fr. 55 c. Il convient de retrancher de ce chiffre une somme de 700 francs provenant de la vente d'environ 3,000 brochures-prospectus en France et en Angleterre, et sur lesquelles une remise de 50 °/₀ a été faite par nous à nos éditeurs.

Le total des dépenses, étant d'environ 36,000 francs, se décompose ainsi qu'il suit :

Publicité. . . . . Fr.	21.000 »
Frais généraux (Personnel, frais de bureau et de correspondance, constitution de société, Impôts et divers).	10.500 »
Loyer.	1.000 »
Mobilier.	3.500 »

Il ressort de ce relevé, conforme à nos écritures que, sans tenir compte de la valeur du mobilier, lequel ayant été acheté dans des conditions avantageuses ne peut être estimé moins de 2,000 francs, le quart du capital en réserve, soit 17,500 francs, reste intact et disponible.

D'autre part, la moitié des brochures-prospectus publiées par la Société, lesquelles comptent pour environ 9,000 francs dans les dépenses de publicité, sont encore à notre disposition.

Le Conseil a étudié les conditions du budget pour 1877-1878, en réduisant les dépenses de Frais généraux le plus possible, tout en conservant le Siége social, qu'il importe de ne pas transférer, et faisant la part des frais nécessaires à la correspondance, à l'envoi des prospectus et aux menues dépenses que nécessiteront les travaux d'organisation à poursuivre.

Il en est résulté un budget mensuel de 1,350 francs, soit du 1er juin 1877 au 1er juin 1878, 16,200 francs, et avec le loyer 18,200 francs. Ce chiffre reste inférieur à celui du Capital actuellement

disponible, dont l'emploi permettrait, par conséquent, à la Société de vivre une année entière, sans accro
sement du capital social.

Résultats généraux. Il n'appartient pas au Conseil d'Administration de mettre en évidence la valeur des résultats mora
acquis pendant ces quelques mois de gestion, car ce rapport doit surtout mentionner des faits d'un caract
positif ; toutefois, ayant suivi avec la plus grande attention la marche de l'entreprise, nous ne croyons
devoir les passer complétement sous silence.

Bien que des circonstances indépendantes de la volonté des Fondateurs aient retardé la format
régulière de la Société, un mouvement considérable s'est produit en sa faveur dès son apparition.

Nous n'avons pu recueillir qu'une partie des articles que les journaux, revues, bulletins de Socié
et autres publications françaises ou étrangères ont insérés relatifs à nos voyages ; cependant, sans pa
des annonces payées que nous avons cru devoir faire, notre recueil de publicité depuis le 11 janvier
cette année ne contient pas moins de 106 notes ou articles, tous favorables à l'entreprise.

Nos livres d'adresses contiennent les noms de plus de onze cents personnes qui, depuis le mois
février jusqu'au milieu de mai, ont, de leur propre initiative, soit par lettres, soit par visites, dema
des renseignements sur nos voyages. Les deux tiers de ces demandes nous sont parvenues de l'étrang
3,000 brochures environ, vendues par les soins de nos éditeurs, attestent en même temps l'int
qu'une semblable entreprise, malgré ses moyens d'action modestes, a su inspirer dans le public.

Notre Société possède aujourd'hui des correspondants en Angleterre, en Belgique, en Hollande,
Suisse, en Italie, en Autriche, en Russie et aux États-Unis, et ces correspondants sont pour la plupar
véritables agents, que nous avons intéressés au succès d'une œuvre dans laquelle ils ont confiance et
nous ont déjà prouvé leur zèle en s'occupant très-activement du recrutement des voyageurs.

Parmi les personnes qui se sont adressées à nous, en vue du voyage de 1877, une vingtaine env
ont manifesté leur désir de prendre part à celui de l'année prochaine, soit qu'elles n'aient pas eu le te
de faire les dispositions nécessaires pour partir cette année, soit qu'elles aient été arrêtées dans leurs pro
par les circonstances politiques ; enfin, parmi les passagers inscrits, deux restent engagés pour l'an proch
et trois autres nous ont fait savoir qu'ils espéraient se faire inscrire de nouveau, si des événements impré
ne s'y opposaient.

Résumé et opinion du Conseil. Telle est Messieurs, la situation de notre Société. Nous sommes aujourd'hui en présence de
déterminations : ou liquider, ou continuer. Dans le premier cas, c'est abandonner sans retour prob
une entreprise d'un caractère éminemment utile, et qu'on cherche à copier dès maintenant dans des
où une pareille institution est cependant moins nécessaire qu'en France. C'est la perte des efforts fait
vue d'un résultat sans contredit bien désirable. Nous avons lieu de croire que la plupart des esprits d'
qui nous ont soutenus dès notre formation, soit par leur influence, soit par la publicité dont ils dispos
nous verraient prendre cette résolution avec regret. Peut-être un jour, en présence du succès d'œu
semblables créées à l'étranger, nous reprocherions-nous nous-mêmes de l'avoir adopté prématurén

Si au contraire, nous prenons la décision de poursuivre, il faut le faire dans des conditions qui
permettent d'attendre une époque moins troublée et vivre aussi économiquement que possible, tou
conservant la notoriété acquise, en profitant de la publicité déjà faite et des relations déjà étab
Le Conseil pense que, dans ce cas, la meilleure conduite à tenir serait d'employer le quart du ca
restant, dans les limites du budget restreint que nous avons indiqué, en utilisant le plus possib
publicité gratuite assez considérable dont le concours nous est acquis et en perfectionnant les dé
d'exécution du voyage dont le départ aurait lieu en mai ou juin 1878, suivant que l'Exposition univer
serait ou non retardée. D'autre part, de nouvelles dépenses seront nécessaires pour faire connaître le
gramme de ce voyage si, comme il faut l'espérer, les circonstances deviennent moins défavorables
est donc indispensable d'accroître le capital social en vue de ces dépenses et de former ainsi une nou
réserve sur l'emploi de laquelle l'Assemblée générale réunie avant la fin de cette année statuer
s'inspirant des résultats acquis et des circonstances du moment.

Le Conseil d'Administration propose en conséquence, et d'un avis unanime, à l'Assemblée géné
de voter les résolutions suivantes :

SOCIÉTÉ

DES

VOYAGES D'ÉTUDES

AUTOUR DU MONDE

Société anonyme au Capital de 70,000 francs

SIÈGE SOCIAL A PARIS : PLACE VENDOME, 8

PROCÈS-VERBAL DE LA SÉANCE

DE

L'ASSEMBLÉE GÉNÉRALE ANNUELLE

Tenue le 22 Décembre 1877

AU SIÈGE SOCIAL

Rapport du Conseil d'administration.

Rapport du Commissaire de surveillance.

Approbation des comptes de l'année.

Nomination de deux administrateurs et du commissaire de surveillance pour l'exercice en cours.

PARIS

IMPRIMERIE F. DEBONS ET C°

16, RUE DU CROISSANT, 16

SOCIÉTÉ

DES

VOYAGES D'ÉTUDES

AUTOUR DU MONDE

ASSEMBLÉE GÉNÉRALE ANNUELLE

Tenue le 22 Décembre 1877

PROCÈS-VERBAL DE LA SÉANCE

Présidence de M. E. LEVASSEUR, Membre de l'Institut

PRÉSIDENT DU CONSEIL D'ADMINISTRATION

Le Président déclare la séance ouverte à deux heures et demie, et invite l'Assemblée à composer son bureau.

Aux termes de l'article 47 des statuts, la présidence de l'Assemblée appartient au Président du Conseil d'administration.

A l'unanimité sont nommés :

Secrétaire : M. le baron CH. DE BERNARD DE FAUCONVAL ;

Scrutateurs : MM. le marquis DE TURENNE et le vicomte A. DE CHABANNES.

Le Président constate que les formalités voulues par la loi ont été observées : les annonces de convocation ont été faites en temps utile, et 68 actions, soit plus du quart du capital social, sont présentes ou représentées.

La feuille de présence est signée par tous les membres présents :

MM. E. Levasseur, R. Bischoffsheim, marquis de Turenne, vicomte A. de Chabannes, Georges Biard, baron Ch. de Fauconval, A. Marini et J. Buffet.

Cette feuille constate également les noms des Actionnaires représentés par l'envoi de leurs pouvoirs et le nombre d'actions dont ils sont propriétaires.

Les membres absents représentés à l'Assemblée sont : MM. H. Arnavon, baron A. de Benoist, Société d'Acclimatation, A. Donon, A. Pierre, baron R. Reille, comte de Tocqueville, Ed. André, Geoffroy Saint-Hilaire, Gillet, P. Terrier, Hermann, L. Colin, baron de la Roncière le Noury, H. Passy, A. Lavalley, J. Meurand, Société des Forges et Chantiers de la Méditerranée, Société Industrielle de Verviers.

L'Assemblée étant en nombre pour délibérer valablement, le Président fait donner lecture du Procès-Verbal de la dernière séance d'Assemblée générale du 30 mai 1877.

Ce Procès-Verbal est adopté sans discussion.

Le Président donne ensuite la parole à M. G. Biard, directeur de la Société, pour la lecture du Rapport du Conseil d'administration sur la situation des affaires sociales :

RAPPORT DU CONSEIL D'ADMINISTRATION

SUR LA SITUATION DES AFFAIRES SOCIALES

MESSIEURS,

Nous venons, conformément aux Statuts, vous présenter l'Exposé de la situation de la Société, et soumettre à votre approbation les comptes de l'année.

Le rapport que nous avons présenté à l'Assemblée générale extraordinaire, réunie le 30 mai dernier, vous a fait connaître la situation des affaires sociales à cette époque. Cette Assemblée nous a autorisés à employer le quart restant du capital social à l'organisation d'un voyage qui aura lieu en 1878, si les circonstances le permettent, et au recrutement des voyageurs qui prendront part à cette expédition ; elle nous a autorisés, en outre, à émettre **60** actions nouvelles de **500** francs , en vue de porter le chiffre du capital de la Société à la somme de **100.000** francs.

Nous avons fait nos efforts pour atteindre ce double but, et malgré les circonstances difficiles créées par une crise générale dont une entreprise naissante devait plus que toute autre ressentir les effets, nous avons obtenu des résultats qui nous permettent d'affirmer de nouveau notre confiance en l'avenir.

Voyageurs inscrits pour l'expédition de 1878.

Réduits depuis le 1er juin à un budget mensuel d'environ 1.350 francs, comprenant strictement les dépenses de frais généraux indispensables, nous n'avons pu utiliser, à partir de cette date, que la publicité faite à titre gracieux, pour obtenir des engagements de voyageurs ; encore le concours de cette publicité s'est-il trouvé singulièrement restreint par le fait des circonstances qui empêchaient la plupart des journaux de rédiger ou d'insérer des articles de fond sur des questions autres que celles touchant à la politique.

Nous avons dû suppléer à cette insuffisance de publicité par des envois de documents divers, de circulaires, de brochures, et recourir au zèle de nos correspondants, qui ne nous a pas fait défaut, d'ailleurs, car, sur les 60 notes ou articles publiés sur notre Société au sujet du voyage de 1878, depuis le 1er juin, la moitié environ l'ont été par des revues étrangères.

Nous saisirons l'occasion présente pour adresser nos remercîments à tous ces messieurs, qui nous ont donné leur concours sans aucune rémunération, et citer d'une manière spéciale : M. le baron de Cartier, à Bruxelles ; M. Krasnodebski, à Varsovie ; M. le professeur Paloczy, à Budapest ; M. d'Oremieulx, à New-York, et M. de Saint-Clair, à Londres.

Ces efforts pour répandre de plus en plus la connaissance de notre programme ont amené l'engagement de 8 voyageurs, savoir : MM. le vicomte d'Humières, de Paris ; Miguel Allard, de Nantes ; Paul Sorokomowski, de Moscou ; Jules de Latour (Maine-et-Loire); René de Latour (Haute-Vienne); Antoine de Tavernost (Ain); W. Baumann, de Zurich ; Dr Ch. Barzilaï, de Padoue.

Nous avons également reçu, au mois de septembre, l'engagement de M. le comte P. Schouvaloff, de Saint-Pétersbourg, mais ce voyageur s'est désisté il y a quelques jours. Nous avons lieu de croire qu'une solution des événements d'Orient ferait revenir M. le comte de Schouvaloff sur sa dernière détermination.

En se désistant, M. le comte Schouvaloff a tenu à marquer sa sympathie pour la Société, et s'est inscrit comme souscripteur d'une de nos actions nouvelles.

En plus de ces engagements, nous pouvons mentionner l'inscription tout à fait probable de trois personnes qui nous ont fait connaître leur décision, mais sans avoir pris encore d'engagements formels.

Ne tenant compte que des engagements positifs, nous possédons ainsi en ce moment une tête de liste de 8 voyageurs, représentant plus du quart du contingent nécessaire pour que l'expédition puisse avoir lieu. Nous rappellerons, à cet égard, que les calculs faits au mois d'avril dernier, pour déterminer le nombre minimum des voyageurs, nous ont donné le chiffre 25. Ce chiffre restreint nécessitant l'emploi d'un bâtiment qui n'aurait peut-être pas assez de puissance pour accomplir le voyage dans le délai indiqué, le Conseil est d'avis qu'on doit, dans la pratique, considérer comme un minimum le nombre de 30 engagements.

En présence de ce premier résultat obtenu six mois avant l'époque du départ, et dans les conditions particulièrement défavorables que nous avons signalées plus haut, le Conseil est d'avis que la réunion du nombre de voyageurs nécessaire se présente comme une éventualité probable.

Émission de 60 actions nouvelles portant le capital social à la somme de 100.000 francs.

Nous avons dû nous préoccuper, dès que l'Assemblée générale du 30 mai nous en a donné l'autorisation, d'assurer la formation de l'accroissement de capital voté par cette Assemblée. Mais, à cette époque, le moment ne nous a pas paru opportun pour faire les démarches nécessitées par cette émission, et nous avons pris la résolution d'attendre la fin de la période électorale.

Du 20 octobre au 20 novembre, malgré les préoccupations générales que faisait naître la situation de notre politique intérieure, ces démarches ont été poursuivies et ont amené la souscription de vingt actions, tant par des membres actuels de notre Société que par diverses personnes disposées à nous apporter leur concours.

A la date du 20 novembre, le Conseil d'administration, constatant que les circonstances rendaient de plus en plus difficile le placement de nos nouveaux titres, invita la Direction à interrompre toute démarche pour ne les reprendre qu'après la crise que nous traversons.

Le tiers de notre accroissement de capital est donc effectivement souscrit, et le Conseil, prévoyant une solution prochaine aux difficultés du moment, ne doute pas que des démarches, jointes aux efforts personnels de quelques-uns de nos collègues, ne permettent de compléter en temps opportun les ressources dont l'Assemblée générale du 30 mai a reconnu l'utilité.

Comptes et Bilans.

Les comptes de la Société ont été établis en partie double à dater du jour de sa constitution. Les livres ont été constamment tenus à jour, et conformément à l'article 21 des statuts, les comptes ont été arrêtés et balancés à la date du 30 juin, le bilan établi à cette date.

Pour vous permettre d'apprécier la situation de la Société à la date actuelle, nous avons balancé les comptes et établi le bilan à la date du 1er décembre; ce dernier résumé fait ressortir un actif disponible en numéraire de 5.992 fr. 10 et en versements à recouvrer de 4.920 fr. 10, soit en total 10.912 fr. 20. L'actif immobilisé sous forme de mobilier inventorié et de loyer payé d'avance est de 3.827 fr. 25 ; les écritures justifient en outre de 22.195 fr. 50 de dépenses de publicité, représentées en partie par un matériel de brochures et d'imprimés, dont la valeur viendra en déduction de la publicité à faire; les frais généraux de l'année se montent à 19.853 fr. 85, comprenant le personnel, les impôts divers, les frais de bureau, de correspondance et de déplacements, les loyers échus, et les frais supplémentaires occasionnés par l'émission des actions nouvelles ; enfin, les frais de premier établissement comprenant les dépenses faites par la Société des Fondateurs pour arriver à la constitution de la Société s'élèvent à 15.518 fr. 65 : total, 72.307 fr. 45.

Le passif de la Société est formé du capital de 70.000 fr., créanciers divers, 400 fr.; compte voyageurs, arrhes versées sur le prix de leur passage pour le voyage de 1878 : 1.600 francs. Enfin le compte Profits et Pertes, comprenant divers paiements ou recettes qui n'ont pu être imputées aux autres comptes, se solde par un profit de 307 fr. 45.

Le total de ce passif est égal à celui de l'actif : 72.307 fr. 45 au 1er décembre.

Nous avons reçu de divers souscripteurs d'actions nouvelles des versements s'élevant à la somme de 1.375 francs, lesquels ne constituant jusqu'à clôture de la souscription qu'un simple dépôt entre nos mains, font l'objet d'un compte spécial et temporaire, dont le solde n'est pas compris dans l'actif disponible signalé plus haut.

Tenant compte des dépenses prévues pour le mois courant, et des sommes dues à voyageurs et à créanciers divers, on voit que la Société disposera, après formation de l'accroissement de capital voté par la dernière Assemblée, d'un capital de 44.500 francs environ, dont 7.000 immobilisés en mobilier, loyer d'avance et matériel de publicité, brochures et imprimés.

Situation générale.

En terminant, nous pensons, Messieurs, qu'il suffit de mettre sous vos yeux la comparaison de la situation actuelle de la Société, avec la situation dans laquelle elle se trouvait il y a moins d'une année, pour vous faire apprécier les progrès accomplis et la légitimité des espérances que le Conseil d'administration conçoit pour le succès du voyage de l'an prochain.

A la fin de janvier 1877, nous avions à notre disposition un capital liquide de 54.500 francs environ, déduction faite des dépenses occasionnées par la constitution de la Société, mais sans notoriété acquise, sans correspondants à l'étranger, sans un seul voyageur inscrit, ayant à perdre un mois environ à la rédaction définitive et à l'impression de nos programmes et prospectus, et plus de temps encore à répandre ces programmes.

Au début de l'année 1878, au contraire, notre Société disposera, grâce à l'accroissement de capital en voie de formation, de ressources peu inférieures à celles qu'elle possédait il y a un an, et à tous les autres points de vue ses moyens d'action sont plus puissants et mieux établis, les programmes sont prêts et déjà entre les mains d'un très-grand nombre de personnes, nos correspondants à l'étranger s'occupent activement de les propager, un nombre considérable de journaux sont disposés à insérer les communications que nous leurs adressons, enfin un premier groupe de voyageurs est formé, et le mouvement des adhésions continue.

Ces résultats acquis par les efforts de la Société nous paraissent constituer une représentation satisfaisante des dépenses qu'elle a dû faire pour les obtenir, et nous espérons que vous voudrez bien, Messieurs, après que le rapport du Commissaire de surveillance vous aura éclairés sur la régularité des écritures, nous donner une nouvelle marque de votre confiance, en approuvant les comptes et bilans que nous vous présentons aujourd'hui.

Paris, le 1er décembre 1877.

Les Administrateurs :

SIGNÉ : **E. LEVASSEUR.**

R. Le BISCHOFFSHEIM.

C. DELAMARRE.

Vicomte A. de CHABANNES.

Georges BIARD.

Baron Ch. de FAUCONVAL.

Le Président donne la parole à M. Jules Buffet, Commissaire de surveillance, pour la lecture de son rapport :

RAPPORT DU COMMISSAIRE DE SURVEILLANCE

MESSIEURS,

L'Exposé que vous venez d'entendre vous a fait connaître l'avis du Conseil d'administration sur la situation des affaires sociales. Je dois, en ma qualité de commissaire de surveillance, vous présenter mon rapport sur cette même question ainsi que sur les comptes et bilans établis par les soins des administrateurs.

Situation générale de la Société.

En ce qui concerne la situation générale de la Société, je ne puis que partager l'opinion du Conseil et sa confiance dans le succès prochain de nos efforts. Il n'est pas trop hardi, en effet, de présumer que les résultats obtenus dans les circonstances si difficiles que nous venons de traverser ne s'affirment plus rapidement dès que la situation générale des affaires sera meilleure.

La formation d'un premier groupe de voyageurs est d'une grande importance, surtout si on considère que six mois nous séparent encore de l'époque fixée pour le départ, et si on remarque, ainsi que le rapport des administrateurs le fait judicieusement observer, que ce groupe s'est formé avant qu'une publicité véritablement effective n'ait attiré l'attention du public sur l'expédition projetée pour l'année 1878.

Comptes et Bilans.

J'arrêterai là mes appréciations sur la situation générale de la Société, pour en arriver à la discussion des comptes et bilans qui viennent de vous être présentés.

L'actif disponible constitué par le compte de chèques, l'encaissé et les versements à recouvrer est de 10.912 fr. 20 ; l'actif immobilisé : mobilier et loyer d'avance est de 3.827 fr. 25. La plus grande dépense de la Société consiste en frais de publicité, elle s'élève à 22.195 fr. 50 au 1er décembre; au 30 juin elle atteignait déjà 21.015 fr. 10, ce qui prouve bien que c'est par le seul effet d'une publicité faite en vue de l'expédition projetée pour 1877 que des engagements de voyageurs ont été reçus pour celle de 1878. Il convient, pour ramener ce chiffre à sa juste valeur, de tenir compte aussi de la notoriété qu'elle a donnée à la Société, et de remarquer qu'une notable partie de cette dépense se trouve encore représentée par du matériel, prospectus, programmes et imprimés de toutes sortes.

En ajoutant à cette dépense celle des frais généraux et des frais de premier établissement, l'actif de notre Société s'élève à la date du 1er décembre au chiffre de 72.307 fr. 45, chiffre balancé par celui du passif.

Les livres de comptabilité et les balances mensuelles ont constamment été mis à ma disposition, et les derniers arrêtés de comptes m'ont été communiqués dans les délais prescrits par la loi.

Les livres sont clairement et correctement tenus. J'ai trouvé toutes les dépenses exactement renseignées et justifiées.

J'approuve donc, sans restriction, les comptes et bilans qui vous sont présentés par le Conseil, ils sont conformes aux écritures, et rien ne s'oppose à ce que vous les ratifiiez de vos votes.

Fait à Paris, le 1er décembre 1877.

Le Commisssaire de surveillance :

SIGNÉ : **Jules BUFFET.**

Après la lecture des rapports, le Président communique à l'Assemblée les balances des comptes établis aux dates des 1er juin et 1er décembre de l'année courante, ainsi que le relevé des dépenses résultant des missions spéciales confiées à des administrateurs.

Le Président demande ensuite aux membres de l'Assemblée s'ils ont des observations à adresser sur les comptes qui leur sont présentés ou sur les rapports qui viennent d'être lus.

Plusieurs membres prennent la parole pour demander divers renseignements sur les comptes et la situation générale de la Société. Le Président, le Directeur et le Secrétaire du Conseil donnent à l'Assemblée les indications demandées.

Le Directeur fait connaître que les démarches relatives à l'accroissement du capital ayant été reprises depuis le 15 décembre, le nombre des actions nouvelles souscrites actuellement se monte à 26, et que le Conseil croit pouvoir affirmer que la souscription pourra être prochainement close.

Aucun membre ne demandant la parole sur le texte des rapports ou la justification des dépenses faites, le Président met successivement aux voix les résolutions suivantes proposées par le Conseil d'administration :

I. — L'Assemblée générale, après avoir entendu les rapports du Conseil d'administration et du commissaire de surveillance, approuve les comptes établis aux dates des 1er juin et 1er décembre 1877.

II. — L'Assemblée renouvelle pour une période de trois ans le mandat d'administrateur de MM. E. Levasseur et baron Ch. de Fauconval.

III. — L'Assemblée nomme commissaire pour l'exercice en cours M. Jules Buffet.

IV. — L'Assemblée, en conformité de l'article 26 des statuts, approuve le compte des dépenses occasionnées par les missions confiées à des administrateurs ; ces dépenses s'élèvent à la somme de 312 francs.

Ces quatre résolutions sont votées à l'unanimité.

MM. E. Levasseur, baron de Fauconval et J. Buffet déclarent accepter les mandats que l'Assemblée leur a renouvelés.

Le Président exprime aux actionnaires la gratitude du Conseil d'administration pour la nouvelle marque de confiance qu'ils viennent de lui témoigner.

M. Biard, directeur de la Société, déclare qu'il est l'interprète des sentiments de tous ses collègues, en remerciant le président, en leur nom, de l'intérêt qu'il n'a jamais cessé de manifester à l'œuvre commune et de la constante attention avec laquelle il a suivi, depuis le premier jour, tous les détails de la gestion.

La séance est levée à trois heures quarante minutes.

Paris, le 22 décembre 1877.

Le Président de l'Asssemblée :

E. LEVASSEUR.

Le Secrétaire de l'Assemblée :

Baron de FAUCONVAL.

Les Scrutateurs :

Marquis de TURENNE.

Vicomte A. de CHABANNES.

PARIS. — IMP. F. DEBONS ET Cᵒ, 16, RUE DU CROISSANT.

RÉSOLUTIONS PROPOSÉES PAR LE CONSEIL D'ADMINISTRATION

1° L'Assemblée donne au Conseil d'Administration l'autorisation d'employer le quart restant du capital actuel à l'organisation d'un voyage qui aura lieu en 1878, si les circonstances le permettent.

L'Assemblée autorise le Conseil d'Administration à émettre 60 Actions de 500 francs, dans les mêmes conditions que celles formant le capital primitif, et porter ainsi le chiffre du capital social de 70,000 francs à 100,000 francs.

3° L'Assemblée donne au Conseil d'administration l'autorisation d'émettre ces actions à l'époque la plus favorable, étant entendu qu'après souscription des 60 actions ainsi créées, 25,000 francs seront placés en réserve et ne pourront être employés sans une décision de l'Assemblée générale à cet effet.

4° L'Assemblée autorise le Conseil, dès que cette souscription sera close, à faire la constatation légale de cet accroissement de capital, sans qu'il soit nécessaire de convoquer une nouvelle Assemblée générale.

Fait à Paris, le 25 Mai 1877.

Les Administrateurs :

Signé : **E. LEVASSEUR.**
R. BISCHOFFSHEIM.
Vicomte **A. DE CHABANNES.**
C. DELAMARRE.
Georges **BIARD.**
Baron Ch. **de FAUCONVAL.**

Après la lecture de ce rapport, le Directeur communique à l'Assemblée une lettre de M. Jules Buffet, Commissaire de surveillance, qui s'excuse de ne pouvoir assister à l'Assemblée, étant retenu par une affaire importante.

Le Directeur donne ensuite, sur l'invitation du Président, lecture du rapport du Commissaire.

RAPPORT DU COMMISSAIRE DE SURVEILLANCE

Messieurs,

C'est dans l'Assemblée annuelle qui devra, conformément aux statuts, être réunie dans le second semestre de cette année, que vous aurez à approuver ou rejeter les comptes et bilans présentés par le Conseil d'administration.

Cependant l'Assemblée extraordinaire réunie aujourd'hui ayant à statuer sur d'importantes questions, le Conseil m'a prié d'examiner les écritures, afin de constater la régularité de leur tenue et l'exactitude des assertions contenues dans le rapport du Conseil, en ce qui concerne la situation financière de la Société.

Après examen des livres, j'ai reconnu que les écritures ont été tenues régulièrement jusqu'à ce jour, et que les dépenses faites par la Société laissent disponible en numéraire en caisse ou en versements à recouvrer une somme supérieure au quart du capital social.

La convocation de l'Assemblée générale extraordinaire appartenait donc de droit au Conseil d'administration, et je reconnais, en ma qualité de Commissaire de surveillance, l'opportunité de cette convocation ainsi que des résolutions proposées par le Conseil.

Fait à Paris, le 25 Mai 1877.

Le Commissaire de Surveillance :

Signé : Jules **BUFFET.**

Le Président demande aux membres de l'Assemblée s'ils ont des observations à adresser sur les rapports qui viennent d'être lus et les propositions du Conseil d'administration.

M. Lavalley demande sur quelles bases a été établi le budget réduit pour 1877-78, mentionné au rapport du Conseil.

Le Directeur donne des détails plus précis à ce sujet, en indiquant que le Conseil n'a pas cru devoir faire entrer ces renseignements dans le texte de son rapport. Il mentionne quelles réductions ont été faites sur le budget de l'exercice précédent pour pouvoir se tenir dans les limites prévues.

M. MARINI demande si ce budget réduit prévoit un chapitre spécial pour la publicité.

LE PRÉSIDENT répond que ce budget ne comprend pas un chapitre spécial de Publicité payée, mais es... tudié en vue de permettre la prolongation de l'existence de la Société, en tenant compte de certaine... dépenses de correspondance, de circulaires et prospectus, etc., qui doivent figurer au compte général... publicité, ayant surtout pour objet l'utilisation de la publicité gratuite dont peut disposer la Société. ... ajoute que le capital nouveau est spécialement destiné à faire face aux frais de publicité et que, sur le... 30,000 francs appelés, 5,000 francs seulement seront employés pour cet objet au gré du Conseil, le... 25,000 francs restant ne devant l'être qu'après décision d'une Assemblée réunie extraordinairement dan... le courant de l'année présente, à une époque fixée par le Conseil.

M. LAVALLEY remarque qu'après accroissement du capital la Société aura en définitive à sa dispositio... un budget d'au moins 30,000 francs réservé aux dépenses de publicité.

M. BIARD, Directeur de la Société, confirme l'exactitude de cette remarque et ajoute qu'enviro... 20,000 brochures, prospectus du voyage, dont 14,000 en français, représentant une dépense de 5,000 franc... ferment un stock disponible très-suffisant pour l'année qui va s'écouler.

M. MARINI fait observer que, d'après les chiffres établis, la Société se trouvera dans des conditio... plus larges pour les dépenses de publicité relatives au second voyage que pour celles du premier voyage...

LE DIRECTEUR estime que, par suite des dépenses déjà faites et de la notoriété déjà acquise, le Consei... n'aura pas à demander à l'Assemblée générale plus de 10,000 francs sur les 25,000 francs qui auront é... mis en réserve.

M. LAVALLEY est d'avis qu'il est prudent de conserver une certaine somme en réserve, mais que, quan... on croira le moment venu, il sera préférable d'user largement des fonds disponibles, afin de faire connaît... l'organisation et le programme de nos voyages partout où on pense pouvoir recruter des adhérents.

PLUSIEURS MEMBRES appuient cette appréciation.

LE PRÉSIDENT demande si d'autres membres ont de nouvelles observations à adresser. Personne... demandant la parole, le Président met successivement aux voix les quatre résolutions proposées par... Conseil d'administration à la suite de son rapport.

M. W. MARTIN demande si le Conseil d'administration a qualité pour constater légalement l'accro... sement du capital social.

LE PRÉSIDENT donne la parole au secrétaire du Conseil pour répondre à cette observation.

M. LE BARON DE FAUCONVAL, administrateur secrétaire du Conseil, répond que la constatation lég... de l'accroissement de capital, après que cet accroissement a été voté par l'Assemblée générale extra... dinaire, est une formalité qui ne doit pas obtenir, au préalable, la sanction d'une Assemblée généra... alors que le Conseil a reçu d'une manière spéciale les pouvoirs nécessaires à cet effet.

LE PRÉSIDENT demande si d'autres membres ont de nouvelles observations à adresser.

Personne ne demandant la parole, le Président met successivement aux voix les quatre résolutio... proposées par le Conseil à la suite de son Rapport.

Les quatre résolutions sont votées successivement à l'unanimité.

LE PRÉSIDENT remercie les membres présents, au nom du Conseil d'administration.

La séance est levée à trois heures cinquante minutes.

Paris, le 30 Mai 1877.

Le Secrétaire de l'Assemblée,

Baron Ch. de FAUCONVAL.

Le Président de l'Assemblée,

E. LEVASSEUR.

R. BISCHOFFSHEIM.

Vicomte de CHABANNE...

1866. — Paris. — Imprimerie Cabasson, rue Joubert, 29.